SBWRIEL AC AILGYLCHU

Stephanie Turnbull

Dyluniwyd gan Andrea Slane a Michelle Lawrence

Darluniau gan Christyan Fox

Addasiad Cymraeg: Elin Meek

Ymgynghorydd sbwriel ac ailgylchu: Cecilia Davey, Ymddiriedolaeth Pobl Ifanc ar gyfer yr Amgylchedd a Chadwraeth Natur

Ymgynghorydd darllen: Alison Kelly, Prifysgol Roehampton

Cynnwys

Yn y bin

Bob dydd, mae pobl yn taflu pethau sy'n wag, wedi torri, wedi'u defnyddio neu dydyn nhw ddim eisiau rhagor.

Mae mwy a mwy o sbwriel yn cael ei daflu.

Mae pob person yn taflu tua saith gwaith eu pwysau mewn sbwriel bob blwyddyn.

Llwyth o sbwriel

Mae sbwriel yn dod o sawl man.

Mae pobl mewn tai, ysgolion a swyddfeydd yn taflu llawer o bethau.

Mae ffatrïoedd, ffermydd a safleoedd adeiladu'n gwneud sbwriel hefyd.

Mae sbwriel yn hofran yn y gofod, hyd yn oed. Darnau o hen rocedi yw'r rhan fwyaf.

Mae'r rhan fwyaf o'r sbwriel yn cael ei daflu i finiau. Ond weithiau mae'n cael ei adael ar y llawr neu'n cael ei daflu i'r afon a'r môr.

Mae sbwriel fel hyn yn gallu lledu clefydau a thorri neu wenwyno anifeiliaid gwyllt.

Amser casglu

Mae lorïau'n dod i fynd â sbwriel mae pobl wedi'i roi mewn biniau a bagiau.

Mae lifft arbennig gan y lorri hon. Mae'n codi biniau mawr ac yn eu gwacáu i mewn i'r lorri.

Panel y tu mewn i'r lorri

Rhaw

1. Mae rhaw'n tynnu'r sbwriel i mewn ac yn ei wthio yn erbyn panel.

2. Wrth i'r lorri lenwi, mae'r panel yn llithro'n ôl i wneud rhagor o le.

3. Mae mwy o sbwriel yn cael ei wasgu y tu mewn i'r lorri.

Camlesi, nid strydoedd, sydd yn ninas Fenis yn yr Eidal. Felly cychod sy'n casglu'r sbwriel.

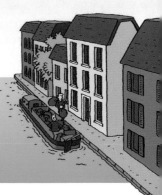

Symud sbwriel

Ar ôl casglu'r sbwriel, mae'r lorri'n mynd i orsaf drosglwyddo gwastraff.

Mae lorri'n gollwng ei llwyth o sbwriel i lawr llithren fawr yn yr orsaf drosglwyddo.

Mae darn metel trwm yn gwthio'r sbwriel i flychau metel enfawr.

Mae lorïau hir, fflat yn mynd â'r blychau i gael eu claddu neu eu llosgi.

Mewn rhai gorsafoedd trosglwyddo, mae'r blychau'n mynd ar longau neu drenau, yn lle lorïau.

Mae rhai trenau'n gallu cario mwy na 200 blwch o sbwriel.

Claddu'n ddwfn

Maen nhw'n gwacáu'r blychau o sbwriel mewn lle o'r enw safle tirlenwi.

Mae cywasgydd yn gwasgaru a gwasgu'r sbwriel.

1. Mae'r olwynion llydan, sbigog yn gwasgu'r sbwriel.

2. Mae cloddiwr yn rhoi pridd ar ben y sbwriel.

3. Y diwrnod wedyn, mae blychau sbwriel newydd yn cyrraedd.

4. Mae'r safle'n tyfu fel ei fod yn edrych fel bryn.

Bydd porfa'n tyfu ar safle tirlenwi llawn. Cyn hir fydd dim digon o dir ar ôl i gael rhai newydd.

Llosgi

Dydy'r sbwriel i gyd ddim yn mynd i safle tirlenwi. Mae peth yn mynd i gael ei losgi.

1. Mae lorïau'n gollwng sbwriel i bydew dwfn mewn llosgydd.

2. Mae crafanc yn codi'r sbwriel a'i roi mewn tân enfawr.

3. Mae lorri'n mynd â lludw o'r tân i safle tirlenwi.

4. Mae mwg o'r tân yn mynd allan o simnai dal.

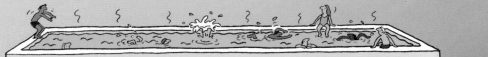

Mae aer poeth o'r llosgydd yn gallu cael ei ddefnyddio i wresogi cartrefi a phyllau nofio.

Mae'r gweithiwr hwn mewn llosgydd yn edrych ar y tân sy'n llosgi sbwriel. Mae rhywbeth dros ei wyneb i'w warchod rhag y gwres.

13

Gwastraff peryglus

Mae peth gwastraff, fel cemegau ac olew injans, yn gallu niweidio pobl, anifeiliaid a'r tir.

Mae'r dyn hwn yn cario twba sy'n llawn cemegau peryglus.

Mae wedi selio'r twba'n dynn cyn ei gladdu mewn safle tirlenwi arbennig.

Dyma safle tirlenwi lle mae cemegau wedi'u claddu. Maen nhw'n rhoi powdr gwyn arbennig dros y cemegau er mwyn eu selio o dan ddaear.

Maen nhw'n llosgi rhai cemegau mewn llosgyddion yn lle eu claddu.

Mae olew wedi gollwng yn gallu gwenwyno dŵr, felly rhaid ei lanhau'n gyflym.

15

I lawr y draen

Bob tro rwyt ti'n cael bath neu'n gwacáu'r tŷ bach, mae'r dŵr gwastraff yn llifo i lawr pibennau tanddaearol o'r enw carthffosydd.

Mae'r ffotograff hwn yn dangos robot tua maint pêl fasged. Mae'n symud drwy'r carthffosydd i weld a yw'r pibennau'n gollwng.

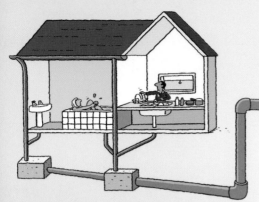

1. Mae carthffosydd yn mynd â gwastraff i waith carthffosiaeth.

2. Mae sgrin yn dal darnau mawr o sbwriel.

3. Mae'r garthffosiaeth yn mynd i danciau lle mae gwastraff solet yn suddo.

4. Mae'r dŵr yn cael ei lanhau mewn tanciau eraill cyn llifo i lynnoedd.

Bydd peth gwastraff solet glân yn cael ei gymysgu â phridd ar gyrsiau golff i helpu'r porfa i dyfu.

17

Ailgylchu

Ailgylchu yw'r enw ar droi sbwriel yn bethau newydd a'u defnyddio eto.

Rydyn ni'n gallu ailgylchu papur, cardfwrdd, gwydr, metel a phlastig.

Mae lorïau'n dod i gasglu sbwriel ailgylchu o'n cartrefi ni.

Hefyd rydyn ni'n gallu mynd â chaniau, poteli a phapur i finiau ailgylchu mawr.

Maen nhw'n didoli'r sbwriel mewn ffatrïoedd.
Mae'r dynion hyn yn edrych ar y caniau ac yn
tynnu unrhyw beth sydd ddim yn fetel.

Mae symbol fel hyn yn dweud ein
bod ni'n gallu ailgylchu rhywbeth.

Toddi metel

Rydyn ni'n gallu toddi metel a'i ddefnyddio eto. Mae'r lluniau hyn yn dangos caniau diodydd alwminiwm yn cael eu hailgylchu.

1. Mae'r caniau'n cael eu gwasgu'n flociau a'u darnio gan beiriant.

2. Mae aer poeth yn llosgi patrymau neu logos oddi ar y metel.

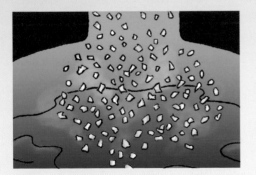

3. Nesaf, maen nhw'n twymo a thoddi'r darnau metel.

4. Maen nhw'n arllwys y metel tawdd i fowldiau a'i oeri.

Maen nhw'n ailgylchu rhai caniau metel i wneud rhannau ceir neu awyrennau.

Mae'r metel yn caledu i wneud blociau fel hyn. Gall pob bloc wneud dros un filiwn o ganiau newydd.

Malu gwydr

Mae'n bosib ailgylchu poteli a jariau gwydr dro ar ôl tro.

1. Maen nhw'n gollwng hen wydr ar wregys symudol mewn canolfan ailgylchu.

2. Mae gweithwyr yn didoli'r gwydr ac yn tynnu'r darnau mawr o sbwriel.

3. Mae rholwyr trwm yn malu'r gwydr yn ddarnau mân.

4. Mae hwfer yn sugno unrhyw ddarnau metel neu bapur.

Maen nhw'n
toddi gwydr
wedi''i falu a'i
wneud yn boteli
newydd, yn barod
i'w llenwi eto.

Mae'n bosib malu hen
boteli gwydr a'u cymysgu â
graean i wneud heolydd newydd.

Pentyrrau papur

I ailgylchu papur, mae'n rhaid ei gymysgu
â dŵr i wneud stwnsh soeglyd. Wedyn mae'r
stwnsh yn mynd drwy sawl cam.

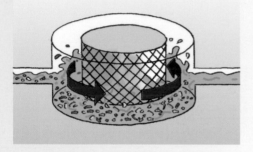

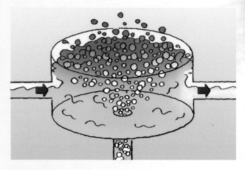

1. Maen nhw'n ei
droelli. Mae styffylau
a darnau eraill yn
cwympo i'r gwaelod.

2. Nesaf, mae sebon
yn glanhau'r stwnsh i
gael gwared ar yr inc
a'r glud.

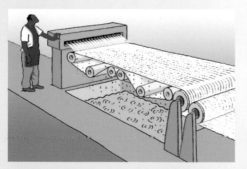

3. Mae'r stwnsh yn
cael ei chwistrellu i
sgrin weiars symudol.

4. Mae rholwyr yn ei
wasgu, ei sychu a'i
droi'n rholyn mawr.

Mae papur wedi'i ailgylchu'n
ddefnyddiol iawn. Yma mae'n
gwneud gwely i wartheg.

Maen nhw'n gallu ailgylchu papur sawl gwaith.
Bob tro gallai fod yn rhywbeth gwahanol.

Gellir ailgylchu rholyn enfawr o bapur
i wneud 80,000 o roliau papur tŷ bach.

Plastig ffantastig

Maen bosib troi hen boteli plastig yn ddefnydd meddal fel cnu i wneud dillad. Mae'r lluniau'n dangos sut.

1. Yn gyntaf, mae hen boteli plastig yn cael eu casglu a'u didoli fesul lliw.

2. Nesaf, mae chwistrelli dŵr yn glanhau'r poteli.

3. Wedyn, mae rholwyr metel yn torri'r poteli'n ddarnau.

4. Mae'r darnau plastig yn cael eu toddi'n gawl gludiog.

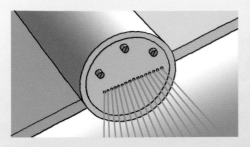

5. Mae plastig tawdd yn cael ei wasgu drwy dyllau i wneud llinynnau hir.

6. Wedi oeri, maen nhw'n ei wehyddu i wneud defnydd trwchus.

Yn aml, mae'r defnydd yn cael ei ddefnyddio i wneud cnu cynnes, fel yr un sydd am y dringwr hwn.

Mae hen boteli plastig yn cymryd 800 mlynedd i bydru mewn safle tirlenwi.

Pydru

Mae peth sbwriel, fel dail a chrafion llysiau, yn gallu cael ei ailgylchu'n bridd tywyll, swmpus o'r enw compost.

Mae'r peiriant hwn yn malu gwastraff naturiol o'r ardd. Bydd y gwastraff yn pydru ac yn troi'n gompost.

Mae bin compost i'r holl wastraff ffrwythau a llysiau gan rai pobl.

Mae'r gwastraff yn pydru yn y bin. Ar ôl rhai wythnosau, mae wedi troi'n gompost.

Mae'r compost yn cael ei dynnu allan a'i roi ar blanhigion i'w helpu i dyfu.

Mae rhoi mwydod mewn biniau compost yn help i fwyta'r gwastraff a'i droi'n gompost.

Geirfa

Dyma rai o'r geiriau yn y llyfr hwn sy'n newydd i ti, efallai. Mae'r dudalen hon yn rhoi ystyr y geiriau i ti.

 gorsaf drosglwyddo – mae lorïau'n dod â sbwriel yma i'w bacio mewn blychau.

 safle tirlenwi – maen nhw'n llenwi'r tir hwn â sbwriel a rhoi pridd drosto.

 cywasgydd – peiriant i wasgaru a gwasgu sbwriel mewn safle tirlenwi.

 llosgydd – adeilad lle mae sbwriel yn cael ei losgi.

 gwaith carthffosiaeth – mae dŵr gwastraff yn cael ei lanhau yma.

 alwminiwm – metel sy'n aml yn cael ei ddefnyddio i wneud caniau diodydd.

 compost – pridd wedi'i wneud o ffrwythau a llysiau wedi pydru a gwastraff arall.

Gwefannau diddorol

Os oes gen ti gyfrifiadur, rwyt ti'n gallu dysgu rhagor am sbwriel ac ailgylchu ar y Rhyngrwyd.

I ymweld â'r gwefannau hyn, cer i **www.usborne-quicklinks.com.**

Caiff y gwefannau hyn eu hadolygu'n gyson a chaiff y dolenni yn 'Usborne Quicklinks' eu diweddaru. Fodd bynnag, nid yw Usborne Publishing yn gyfrifol, ac nid yw chwaith yn derbyn atebolrwydd, am gynnwys neu argaeledd unrhyw wefan ac eithrio'i wefan ei hun. Rydym yn argymell i chi oruchwylio plant pan fyddant ar y Rhyngrwyd.

Mae biniau fel hyn yn cadw gwastraff gardd cyn i'r lorïau ddod i'w gasglu.

Mynegai

Cydnabyddiaeth

Trin ffotograffau: Nick Wakeford, John Russell a Mike Wheatley

Cydnabyddiaeth lluniau

Mae'r cyhoeddwyr yn ddiolchgar i'r canlynol am ganiatâd i atgynhyrchu deunydd:

© **Alamy** (Justin Case) 9, (Jeff Morgan) 19, 31, (John Foxx) 27; © **John B. Boykin/CORBIS** 1;
© **Robert Brook/ SCIENCE PHOTO LIBRARY** 15; © **Creatas** 2-3; © **Nature Picture Library** (Michael Durham) 5;
© **Phil Matt/AGSTOCK/SCIENCE PHOTO LIBRARY** 25; © **Peter Menzel/SCIENCE PHOTO LIBRARY** 16;
© **Novelis Recycling** 21; © **Rockware Glass** 23; ©**TEK IMAGE/SCIENCE PHOTO LIBRARY** 14;
© **Keith Wood/CORBIS** 13; © **Viridor Waste Management** 28-29; © **zefa/Claudius** 10

Cyhoeddwyd gyntaf yn 2004 gan Usborne Publishing Ltd., Usborne House,
83–85 Saffron Hill, London EC1N 8RT.
Cyhoeddwyd gyntaf yng Nghymru yn 2014 gan Wasg Gomer, Llandysul, Ceredigion SA44 4JL.
www.gomer.co.uk
Cyhoeddwyd gyda chefnogaeth Llywodraeth Cymru.
Cedwir pob hawl. Argraffwyd yn China.